LETTRE

SUR

L'ENTÉRORAPHIE.

Dans le numéro de la *Gazette des hôpitaux civils et militaires* du 6 septembre 1845, se trouve le compte-rendu de la séance académique du 2 de ce mois, dans laquelle M. Jobert a fait un rapport sur l'entéroraphie. Ce rapport a trait à un Mémoire que nous avons eu l'honneur de lire *sur l'excision de la muqueuse dans les sutures intestinales*, devant l'Académie royale de médecine, le 2 août 1843, il y a deux ans passés.

Nous avons dû attendre la publication du Bulletin académique de septembre dernier pour être bien certain que la *Gazette des hôpitaux* n'avait fait que reproduire les assertions de M. le rapporteur, à notre égard. Or, comme, pour rendre hommage à la vérité, nous nous voyions forcé de nous inscrire contre certains aperçus de ce rapport, nous en avons appelé, le

1

17 octobre dernier, à l'impartialité de M. le rédacteur en chef de la *Gazette des hôpitaux*, pour qu'il livrât à la publicité, dans son plus prochain numéro, puisqu'il avait déjà bien voulu nous citer, la lettre ci-jointe, qui n'est point une polémique de personnalités, mais seulement un commentaire loyalement scientifique, et qui, par le fait du compte-rendu, est devenue nécessaire. Mais cet article, quoiqu'étant resté, jusqu'à ce jour, à la disposition de la *Gazette des hôpitaux*, n'a pu trouver place dans ses colonnes.... Alors, après deux mois d'attente, nous avons dû le retirer pour le publier sans différer, afin de ne pas perdre toute actualité.

Nous entrions ainsi en matière :

Le Bulletin du 30 septembre 1845 (séance de l'Académie royale de médecine, 2 septembre 1845), s'exprime en ces termes :

« M. Jobert (dans son rapport sur l'entéroraphie) passe à l'appréciation de la méthode de l'auteur (Moreau-Boutard), et s'applique principalement à résoudre les deux questions suivantes :

» 1° Connaissait-on l'existence du bourrelet muqueux dans les plaies de l'intestin ?

» 2° L'adhérence de la séreuse avec le tissu cellulaire sous-muqueux est-elle un procédé nouveau et acceptable ?

» La présence du bourrelet muqueux a été signalée par beaucoup d'auteurs de chirurgie. »

Très certainement, ajoutons-nous ; mais il a été négligé par eux, et sous le rapport de l'entéroraphie, il n'en est pas fait mention dans leurs ouvrages.

Mais continuons à citer le Bulletin :

« Quant à l'excision de la muqueuse et l'adossement de la séreuse avec le tissu sous-muqueux, elle constitue véritablement une méthode au point de vue théorique et pratique. Mais cette excision, que l'auteur a pu exécuter sur des

chiens, serait, dans bien des cas, matériellement impossible
sur l'homme. »

Pourquoi matériellement impossible, puisque le bourrelet
muqueux existe toujours ? N'a-t-il pas été *signalé par beaucoup d'auteurs de chirurgie*, et de plus, il est démontré
anatomiquement et physiologiquement dans le duplicata de
notre Mémoire publié par M. Malgaigne. — *Journal de chirurgie* de septembre 1845, — page 272, ligne 33, où il
est dit :

« La rétraction de la musculaire, selon la direction de ses
fibres, une fois divisée, étant permanente, et la muqueuse ne
suivant cette rétraction que de loin, le bourrelet muqueux
existe toujours, et on le trouve même sur l'animal mort après
la section intestinale. » En effet, nous avons établi, page 265,
ligne 40 et autres : « Lorsque les membranes de l'intestin
sont divisées sur le vivant, la musculaire unie à la séreuse
par un tissu cellulaire serré se rétracte avec elle et laisse se
retourner en bourrelet, sur ses bords divisés, la muqueuse
qui ne lui est unie que par un tissu cellulaire assez lâche, dit
membrane sous-muqueuse ; et cela arrive aussi bien dans les
plaies transversales que dans les plaies longitudinales. Pour
les plaies transversales, ce sont les fibres longitudinales qui
agissent ; pour les plaies longitudinales, ce sont les fibres
transversales. Cela n'a pas lieu sur le cadavre, où la contrac-
tilité est nulle ; seulement, on peut, en partie, reproduire ce
phénomène à l'aide des injections aqueuses à courant continu
de M. Lacauchie. La sous-muqueuse, s'infiltrant plus que le
tissu cellulaire interposé entre la séreuse et la musculaire,
entraîne avec elle la muqueuse et la fait encore bourreler en
dehors, mais beaucoup moins que sur le vivant : ici, c'est un
fait mécanique, là un fait vital. »

Mais reprenons page 272, ligne 36 :

« Ce n'est pas que je veuille ici conclure du chien à

l'homme ; mais chez l'un et l'autre, l'organisation du tube digestif est à peu près la même, ou du moins très analogue ; d'un côté, si la musculaire riche en fibres contractiles est en rapport avec une muqueuse couverte d'épaisses villosités, qui, dans son renversement, forme un énorme bourrelet ; de l'autre, quoique l'organisation soit plus délicate, ce bourrelet n'en existe pas moins par le retrait permanent de la musculaire ; il est moins volumineux, mais il existe....

» On peut s'assurer de la véracité du fait en l'expérimentant sur les jeunes animaux dont la contexture intestinale se rapproche de celle de l'homme presque d'une manière identique.

» Qu'on ne croie pas non plus que cette rétraction de la musculaire soit spasmodique, et que, si l'on attend, ou si l'on touche les lèvres de la plaie intestinale avec une solution concentrée d'opium, elle cessera au bout d'un temps plus ou moins long. Non ; après quelques heures, elle pourra diminuer ; mais elle ne cessera pas, et la muqueuse ne reviendra pas au niveau de la séreuse et de la musculaire, pas plus que les deux parties d'un muscle divisé en travers ne viendront d'elles-mêmes se mettre en rapport immédiat. Ce phénomène de la saillie du bourrelet muqueux en dehors de la section intestinale dépend donc du retrait de la musculaire et de la disposition des membranes du tube digestif entr'elles, de leur contexture, en un mot. Dernièrement une pièce pathologique (*), trouvée sur un homme qui succomba à une rupture de l'intestin par suite d'une contusion, nous a prouvé la permanence de la rétraction de la membrane musculaire, car le bourrelet de la muqueuse existait encore, quoique la vie eût abandonné

(*) Nous pouvons citer, entre autres témoins du fait, M. J.-A. Le Roy, D. M. P., aide-major du 14me léger.

l'organe depuis trente heures, et que la lésion datât de deux jours. »

Ceci n'est pas ambigu , ce nous semble ; or, maintenant pourquoi l'excision du bourrelet muqueux qu'on peut exécuter sur des chiens, serait-elle, *dans bien des cas, matériellement impossible sur l'homme?...*

Cependant, continuons à extraire du Bulletin :

« Elle exposerait (cette excision), *d'ailleurs*, à la mortification de l'intestin privé de ses moyens de nutrition.... »

— Ce *d'ailleurs*, après *matériellement impossible*, n'est pas logique ; et comment l'intestin serait-il privé de ses moyens de nutrition ? Comment l'intestin serait-il exposé à la mortification ?

Dans le procédé par coaptation , les bouts de l'intestin , le bourrelet excisé , sont toujours composés d'une muqueuse, d'une sous-muqueuse, d'une musculaire et d'une séreuse.

Dans le procédé par invagination , si , après l'excision du bourrelet , l'un des bouts , le récipient , perd sa muqueuse, puisqu'elle est excisée dans l'étendue de 4 à 5 millimètres, à partir du bord de la plaie intestinale, il n'en reste pas moins sous-muqueuse , musculaire et séreuse , membranes douées d'assez de vitalité organique pour se suffire à elles-mêmes. Le fait des premières phases ulcératives des intestins le démontre victorieusement. Mais pour ne pas se laisser aller aux illusions des objections spécieuses , entendons-nous sur l'action de la suture comme moyen de coaptation, sur son résultat surtout, sans oublier toutefois le rôle que joue , en entéroraphie, l'épanchement interstitiel de lymphe plastique; en effet, les fils des points de suture coupent toutes les membranes de l'intestin , sauf la séreuse qu'ils étreignent, comme la ligature d'une artère coupe les membranes de ce vaisseau, la celluleuse

exceptée, qui supporte à elle seule l'effort de la ligature (*) :
puis dans l'intervalle des points de suture, se fait l'épanchement oblitérateur de lymphe plastique, qui recouvre également les nœuds des fils coupés au ras de la suture, à l'instar
de la déposition du cal dans les fractures.

Revenons au *Bulletin*, qui continue ainsi :

« Enfin, la réunion, quand elle a lieu, s'est opérée par le
contact des séreuses, ou par la lymphe qu'elles exhalent. »

Nous n'avons pas écrit ni même pensé le contraire ; nous le
prouverons amplement plus loin. Faisons seulement remar-
quer tout d'abord, que ce passage réfute l'allégation précé-
dente : car c'est l'épanchement de lymphe plastique qui fait
tout, et l'intestin n'est pas privé de ses moyens de nutrition,
il n'est pas exposé à la mortification par l'action des fils ni par
l'excision de la muqueuse, la sous-muqueuse et la séreuse
suffisant à l'épanchement de lymphe plastique et coagulable
qui doit former la cicatrice, etc.

(*) Rappelons à ce sujet, comme observation pratique, que la séreuse intestinale n'ayant pas la même force de cohésion que la celluleuse artérielle pour supporter l'effort d'une ligature, il faut serrer
très peu le nœud du fil dans la suture. Nous devons attribuer à
trop de force mise dans cette manœuvre les ruptures qui sont arrivées
très promptement des nœuds de fil et de la séreuse qu'ils étreignaient.
Pour expliquer notre pensée avec plus de précision, nous citerons ici
la méthode de M. Foulhois, inspecteur général du service de santé
de la marine, pour la ligature des artères, méthode que nous appel-
lerons de *ligatures à constriction moyenne*, car elle consiste à serrer
le fil seulement jusqu'à ce que l'opérateur arrive graduellement à
percevoir sur ses doigts la légère crépitation qui résulte de la section
des tuniques artérielles internes, sans étrangler à outrance la celluleuse, sans courir les risques de la couper ou de voir la ligature s'en
séparer trop tôt et d'avoir dès-lors des hémorrhagies consécutives. En
entérorraphie, avec de l'habitude, on peut percevoir la légère crépitation qui résulte également de la section de la muqueuse et de la
musculaire par le fil.

« En dernier lieu, dit en terminant le Bulletin, les fils coupés à fleur de la surface de l'intestin doivent presque immanquablement tomber dans le péritoine ; tels sont les faits qui résultent de l'examen des pièces anatomiques adressées à l'Académie par M. Moreau-Boutard. »

Cette assertion est, cependant, contraire à tout ce que l'on sait des anses et nœuds de fils dans les sutures intestinales ; aussi M. Jobert se réfute-t-il victorieusement dans un passage plus orthodoxe de ce même rapport que nous aurons l'occasion de citer : ainsi — page 1040 du Bulletin, ligne 16 et suivantes — il est dit :

« A l'occasion de ces expériences le rapporteur (M. Jobert) insiste sur le soin avec lequel le chirurgien doit surveiller l'élimination des fils ; en effet, lorsqu'ils demeurent dans la cicatrice, ils donnent lieu à l'induration et même à la suppuration du tissu cellulaire ; aussi doit-on les disposer de telle façon qu'ils puissent tomber dans la cavité de l'intestin ou être retirés par la plaie extérieure. Les fils ont-ils traversé toute l'épaisseur des parois intestinales, on peut sans danger en couper les chefs à ras du nœud : l'anse de fil tombera dans la cavité de l'intestin....... »

Ceci, et tel est notre cas dans tous nos procédés opératoires, est exact et péremptoire ; il n'y a pas à s'y tromper.

« Mais si les fils, ajoute M. le rapporteur, n'ont fait que labourer les tuniques intestinales sans perforer la muqueuse, il importe de les fixer au voisinage de la plaie intestinale pour les extraire au moment où ils se détacheront, faute de quoi, ils resteraient dans la cicatrice ou tomberaient dans le péritoine. »

C'est encore vrai ! personne ne l'ignore ; mais cela ne peut s'appliquer à notre cas ; du reste, nous n'insisterons pas davantage sur ces particularités, attendu que dans la manœuvre opératoire, nous avons nettement établi que l'anse de la suture comprenait toute l'épaisseur de chaque bout intestinal. Il est donc probable qu'il y a erreur pour ce qui est des pièces adressées à l'Académie, il y a deux ans, d'autant que c'est peut-être après un trop long temps de macération que M. le rapporteur les a examinées ; car les nombreux témoins de mes vivisections n'y ont pas remarqué ce dont on les accuse.......

Quoi qu'il en soit, M. le rapporteur poursuit son exposition sommaire en ces termes — Bulletin, page 1037 — :

« Indépendamment de ces inconvénients généraux, il en est un qui appartient en propre au deuxième procédé de l'auteur, dans lequel l'intestin suturé est maintenu en rapport avec la plaie des parois abdominales. — Ne voit-on pas que le procédé expose à des anus contre nature ? et c'est en effet ce qui est arrivé dans les expériences de M. Moreau-Boutard. »

Nous faisons bon marché du procédé (le premier pour la suture longitudinale), si tant il est vrai qu'il soit défectueux, quoiqu'il ait donné des résultats satisfaisants. En effet, le cas d'anus anormal cité est unique ; et, de plus, il avait été prévu par suite d'une mauvaise manœuvre opératoire (voir expér. X de notre mém.). Ainsi, nous faisons bon marché de ce procédé, non parce qu'il peut donner lieu, *in extremis*, à un anus anormal ; la thérapeutique, en fait d'entéroraphie, toujours soumise aux sages préceptes de Boyer, ne redoute pas ce résultat, qui, en définitive, n'est que provisoire ; mais seulement parce que nous lui préférons les deux autres, que nous avons créés également pour la suture longitudinale.

Plus loin, page 1038 du Bulletin, M. le rapporteur dit :

« Il n'y a que très peu de temps qu'on a soumis les sutures intestinales à des règles fixes, basées sur la structure anatomique de l'intestin. Les nombreux procédés qui ont surgi dans ces derniers temps peuvent être rapportés aux trois méthodes suivantes :

1° Rapprochement des parties identiques qui exhalent une lymphe fortement plastique; 2° rapprochement des membranes muqueuses, musculeuses et séreuses ; 3° rapprochement de la séreuse avec le tissu cellulaire sous-muqueux. »

A notre sens, la première est la seule réelle; nous nous chargeons de le prouver tout-à-l'heure.

La seconde, partout où porte le point de suture, est illusoire : nous le prouverons également en statuant de la première; et elle ne peut vraiment exister, pour les points affrontés et où ne porte pas l'anse de la suture, qu'après excision du bourrelet muqueux. Cette méthode de la coaptation directe, méthode des anciens, que nous avons combinée avec l'excision du bourrelet muqueux des deux bouts intestinaux, ne nous appartient pas, comme nous le croyions, quant à cette modification; en effet, nous avons appris, en mai 1845, que M. Voillemier avait présenté en 1843, à la Société anatomique de Paris des pièces pathologiques résultant de vivisections pratiquées sur des chiens, d'après le procédé de réunion directe par affrontement, après excision du bourrelet muqueux, dans la suture de l'intestin en travers.

Dans cette séance qui remonte au commencement de 1843, M. Lenoir opposa sur le même sujet à M. Voillemier une priorité, si ce n'est de fait pratique, du moins de théorie, remontant à une époque antérieure et établie dans une argumentation de thèse pour le concours de l'agrégation par M. Philippe Boyer.— M. Dulac, sur notre avis, a bien voulu consigner ces circonstances dans sa thèse inaugurale du 20 août 1845. Nous nous devions cette annotation, n'ayant ainsi fait, sous le rapport de la priorité, qu'appliquer la modification à la suture longitudinale.

Mais, quant à la troisième méthode, qui nous appartient en propre, elle rentre dans la première.

Nous en déduisons la preuve de ces différents extraits de notre mémoire, à l'article *appréciation.*

Page 271, ligne 46, nous avons écrit :

« Ils ne mentionnent pas ce renversement de la muqueuse en dehors dont *le bourrelet permanent couvert de son épithélium s'oppose à toute cicatrisation des bouts de l'intestin entre eux, à moins que dans l'agencement des points de suture il ne soit détruit ; ce qui arriva très certainement dans les cas de guérison qu'ils citent, et dans ceux qui sont cités d'après les mêmes procédés ; car, la muqueuse et la musculaire ayant été détruites par les nœuds des fils, restait la séreuse d'un bout qui adhérait et se cicatrisait avec la séreuse de l'autre.* »

(La méthode d'A. Cooper, par froncis, en est un exemple frappant ; car le fil de la ligature coupant musculaire et muqueuse, c'est la face interne de la séreuse qui reste seule froncée sur elle-même.)

Plus loin «..... Méthode de l'invagination. Là, même lacune que précédemment, et si Rhamdor cite un cas de guérison, c'est aux mêmes titres. »

Encore : « Récemment M. Amussat a tenté de faire revivre la méthode par l'invagination, et le genre de ligature qu'il adopte doit faire rentrer son procédé dans la méthode de la réunion des séreuses ; car la cicatrisation de l'intestin n'est obtenue que par les rapports immédiats qu'établit entre la séreuse des deux bouts, face interne d'une part avec face externe de l'autre, le fil de la ligature lorsqu'il a coupé la muqueuse et la musculaire.

» Après cela, il devient inutile de dire que l'objection est la même pour la méthode de l'invagination, attendu qu'on ne peut obtenir la réunion directe d'une séreuse avec une muqueuse couverte de son épithélium, pas plus que d'une plaie vive ou d'une portion de péritoine avec la peau couverte

de son épiderme. Or , il est évident que la méthode de l'adossement des séreuses a été créée dans le but de résoudre ces
difficultés. »

Nous le prouvons, les pièces à l'appui, dans diverses observations où la sous-muqueuse a cicatrisé avec la séreuse dans les
points où la muqueuse était excisée , et seulement dans ces
points. Cela est clair et significatif, et après les considérations
précédentes sur le mode d'action des fils dans toutes les sutures,
l'entéroraphie n'en est-elle pas réduite à ceci : que par tous les
procédés on peut guérir , dès que la muqueuse et la musculaire ont été détruites par écrasement (procédé des anneaux),
par étranglement (points de suture, etc.), et que les séreuses
ont été mises en contact, face interne d'un bout avec face
externe ou face interne de l'autre.

D'où il découle que le procédé de suture le plus avanta-
geux est la réunion directe ou l'invagination simple, combi-
nées , ainsi que nous l'avons pratiqué , à l'excision, et main-
tenues par des points de suture entrecoupée. Par ces procédés il n'y a pas de valvules dans l'intestin consécutives à la
guérison , pas de rétrécissement considérable du calibre intestinal , pas de froncement, et la manœuvre des fils est des
plus faciles.

Cependant, M. Jobert, après sa division de l'entéroraphie
en trois méthodes, ajoute — page 1038 , ligne 28 et suivantes :

« Les auteurs de ces procédés ont voulu créer une suture
unique pouvant servir à toutes les lésions du canal intestinal;
mais il est évident que le chirurgien doit modifier son procédé
opératoire suivant le genre de lésion de l'intestin, suivant
l'état sain, etc... »

C'est un précepte fondamental de thérapeutique! mais il y
a confusion ici entre *méthodes* et *procédés.* La méthode est
unique : nous l'avons démontré par l'anatomie pathologique,

c'est-à-dire matériellement ; mais les procédés sont et doivent être variables. Nous n'avons jamais pensé autrement : aussi , en avons-nous indiqué plusieurs, et avons-nous , en 1837 , intitulé notre thèse inaugurale. «Autres modes de sutures intestinales. » Seulement il appartient au médecin de juger de leur opportunité comme de celle de la méthode dans un cas chirurgical donné : c'est l'application simple de tout jugement thérapeutique.

Nous ne nous sommes pas non plus appesanti sur la critique des procédés tant anciens que modernes et nouveaux , si ce n'est sous le rapport de la méthode, parce que nous n'avons, en somme , aucun adversaire à battre sur le dos de n'importe quel autre : aussi nous ne refusons pas à chacun le mérite qui appartient à son ingéniosité théorique comme à son habileté pratique, par la raison toute simple que nous n'avons pas entrepris le monopole de l'entéroraphie, et que nous voulons être équitable avant tout, selon toutefois la portée de notre intelligence et de nos lumières.

A propos de ce rapport sur notre Mémoire, M. Jobert « rend compte, dit le Bulletin, d'expériences toutes récentes faites par lui à l'hôpital Saint-Louis , et desquelles il ressort que l'invagination *par adossement des séreuses* est une opération facile ; qu'elle peut se pratiquer sans disséquer le mésentère des deux bouts de l'intestin, sans qu'il soit nécessaire de distinguer ceux-ci l'un de l'autre (l'inférieur du supérieur). »

De même que nous aimons à rendre à chacun ce qui lui appartient, nous aurions également désiré que M. Jobert eût annoté que cette dernière particularité , l'invagination indifférente de l'un ou l'autre bout intestinal divisé , était consignée et discutée tout au long dans notre thèse inaugurale du 1er août 1837, — page 7, ligne 12 et suivantes, — et que la non-division du mésentère, pour l'invagination, était également ment consignée dans l'exposé de notre procédé opératoire, page 266 de notre Mémoire, ligne 6, et dans nos observations de vivisections, expériences I et II, où il n'est pas parlé de dissection du mésentère. Ceci, pour la question de priorité...

Notons enfin que M. Jobert, en terminant — Bulletin, page 1041, ligne 13 et suivantes : — « Après ce consciencieux examen, est amené à conclure que la méthode *par adossement des séreuses* est encore celle qui réunit le plus grand nombre d'avantages réels.... »

Malgré la modestie de cette profession qui ne s'oppose pas aux progrès ultérieurs de la science, nous maintiendrons ce que nous avons avancé dans notre thèse inaugurale du 1er août 1837, et dans notre Mémoire sur l'entéroraphie malheureusement traité par juge et partie.... (M. Josse est orfévre ! La nature humaine est ainsi faite ; la faute en est donc, en cette occurrence, à l'incurie des règlements qui laissent aux *spécialités* à juger dans leur propre cause.)

Cependant, sans prétendre poser le dernier mot de la question, en fait d'entéroraphie, nous résumerons les particularités importantes de notre Mémoire, que M. Jobert n'a pas fait ressortir, même qu'il a laissé passer inaperçues, nous le regrettons. Ainsi, rappelons, après ce que nous avons écrit, que l'entéroraphie est toute dans l'unité de la méthode, unité que nous croyons avoir démontrée, à savoir que, *n'importe quel soit le mode, le procédé opératoire employé, l'état de la suture et du nœud de fil, quand il est serré convenablement, réduit la partie de l'intestin étreinte dans l'anse de la ligature à ceci : séreuse coutre séreuse, face interne contre face interne, méthode d'A. Cooper par froncis ; face interne contre face externe, méthode de Rhamdor par invagination ; face externe contre face externe, méthode de MM. Lembert, Jobert, etc., par adossement des séreuses ; puisque le fil de la ligature coupe et doit toujours couper muqueuse et musculaire , tandis que la séreuse seule en supporte l'effort.*

Maintenant, reste à considérer la surface et l'état de la portion d'intestin libre entre les points de suture; ici, les méthodes diverses subsistent, et ce que nous avons créé de la coaptation, de la cicatrisation d'une séreuse avec la sous-muqueuse n'est point renversé par les objections de M. Jobert: nous l'avons prouvé. Aussi, pour rétablir nettement les termes de la question, puisque « *adhùc sub judice lis est,* » nous renvoyons à la lecture de notre Mémoire sur l'entéroraphie et de notre thèse sur deux autres modes de sutures intestinales, aidée de cette argumentation et de tous les travaux sur la matière.

L.-M.-A. MOREAU-BOUTARD.

D. M. P.

Val-de-Grâce.
Paris, le 17 décembre 1845.

Paris. — Imprimerie de Bourgogne et Martinet, rue Jacob, 30.